# SKRIFT

## UFULDENDTE SERENADER

Et Barthessk tegnbind

Kim Gørtz

SKRIFT

UFULDENDTE SERENADER

Et Barthessk tegnbind

2025

SAGARO REC & PUB

Forlag: BoD · Books on Demand, Strandvejen 100,

2900 Hellerup, bod@bod.dk

Tryk: Libri Plureos GmbH, Friedensallee 273,

22763 Hamborg, Tyskland

ISBN: 978-87-7145-809-1

For det er vores lod at overtage et
gennemstruktureret univers, som på forhånd
afstikker vort aktionsområde; og denne
strukturering angiver hvilke handlinger, der er
meningsfulde og hvilke der er absurde; og hvad
enten vi synes om det eller ej, er vi nødt til disse
strukturer, som i historisk perspektiv vil være
betydningsbærende.

*Oversætterens forord, s. 11*

*Roland Barthes, Litteraturens nulpunkt, 1968*

# Livsopfattelse

## Nye kulturelle strømninger

Fremmedgørelse i humanisme-begrebet, forfatterens betydningsdybde, de tomme tegn; de fortryllende tæmninger, fraværet, bevidstheds-opløsningen og formens tredje dimension, en horisontlinjes virtualitet, en yderste grænse, stilens drivkraft – *tankens vertikale og isolerede dimension* – på grænsen af et forløbs bundfældning, en erindring som tæthedsfænomen.

Dobbeltgængerens uberørte friskhed, et præg af afgrænsethed, en hærdet opslidning og *tæring af de mobile ordtoppe*; rodfæstet i en foruroligende hemmelighed og "omstændighed" – "truslen om afstraffelsen", magtens skyggeside – et alibi.

Alle inflationens tegn, en spektakulær samfunds-fænomenologi, en signatur; "intellektets spring", beretningens hjørnesten og operative tegn i den pulserende eksistens – den euforiske tilfredshed.

At fremmedgøre fakta i anonymitetens mest trofaste form, essensfulde mennesker i "en progressiv kamp mod det eksistentielle 'jegs' tætte skygge" – som fosfor – *der lyser stærkest i det øjeblik det nedbrydes*, en genskabende mekanisme i den eksistentielle massivitet, som *peger på den maske han bærer*; som "en glorværdig men kontrolleret funktion", som fremmedgjorthed.

Stilen er egentlig et fænomen, som udvikler sig ved
spirer, den er transmutationen af en legemsvæske.

Roland Barthes, Litteraturens nulpunkt, s. 20, 1968


Det mirakuløse ved denne transmutation er, at den
gør stilen til en slags over-litterær operation, som
fører mennesket helt til magiens og kræfternes
tærskel.

Roland Barthes, Litteraturens nulpunkt, s. 21, 1968


… den intellektuelle frigør sig fra virkeligheden, han
holder sig svævende i luften og drejer rundt på
stedet…

Roland Barthes, Mytologier, s. 133, 1969

# Indhold

Sproget omslutter hele den litterære skaben
nogenlunde som himlen jorden, og deres
forbindelse aftegner menneskets miljø.


Roland Barthes

*Litteraturens nulpunkt, s. 19, 1968*

## Ordenes overflade

*En indre tanke som fuldt rustet udgår fra*
*ånden, den bærer sin natur i sig selv* – den
nedkommer uden varighed; som ”en
intellektuel eller sentimental fortættethed”,
som når *betydningsfuldheden falder som en*
*moden frugt.*

*Tegnets møde med en intention*; en
forbindelsesvej, et operationstegn – ”at
arrangere en eksisterende protokol” – ordenes
tilbagetrækning, skærings- og knudepunkter,
nye betydningsintentioner.

*Ordet eksploderer hen over en kæde af*
*udhulede relationer.*

Den lyse og klare aften. Den frit formet og
underholdende kærlighedssang. Som en
forelsket bejler synges disse sange til en elsket
læser: *Skrift. Ufuldendte serenader. Et*
*Barthessk tegnbind.*

Det er helt Barthessk!

1. Ordets fortættethed og tilholdssted
2. En tom fortryllelse; euforisk velbehag
3. Et oprejst tegn; et slags nulstadium
4. Eksistentiel geologi; poetisk følsom
5. Åbner vejen for alt det overnaturlige

# Tidligere udgivelser

*Sæson 2*


**Frigørelse.** *Et Marcusesk erosbind*

**Singularitet.** *Et Reckwitzsk illusionsbind*

**Sker.** *Et Kirkebysk begivenhedsbind*

**Etos.** *Et Spinozask substansbind*

**Askese.** *Et Schopenhauersk forestillingsbind*

**Magt.** *Et Foucaultsk galskabsbind*

**Begær.** *Et Freudsk neurosebind*

**Selv.** *Et Laingsk spaltningsbind*

**Sundhed.** *Et Frommsk hjertebind*

**Tidligere udgivelser**

*Sæson 1*

**Frifundet.** Et Kafkask procesbind

**Inderlig.** Et Kierkegaardsk eksistensbind

**Væsentlig.** Et Heideggersk værensbind

**Aura.** Et Benjaminsk passagebind

**Hellig.** Et Agambensk nøgenbind

**Immobil.** Et Sloterdijksk sfærebind

**Fremmed.** Et Rosask resonansbind

**Flugt.** Et Deleuzesk rhizombind

**Livsvilje.** Et Nietzschesk kraftbind

**Negativ.** Et Adornosk fortryllelsesbind

… en skreven rytme,

der skaber en slags fortryllelse…


Barthes

*Litteraturens nulpunkt, s. 60, 1968*

## Dekorative genspejlinger

En visdom om man vil, en frigjorthed, en ærlig pagt;
et litterært slaveri, en løskøbelse – "at give et ord
'betydning'" – i skødesløse vendinger, i stilhed.

Formens *silentium*, komplet stumhed, ømfindtlige,
spinkle tomrum, befriet resonans; klangløshedens
sprogmorder, tærsklens nulpunkt, en fraværsstil.

*Tavshedens måde at eksistere på*, menneskets
hulhed, figurer, relæer, blotstillet, som generøse
løgne i klæbrigt mørke; parasitagtigt pryder
uigennemsigtige tegn begivenhedernes simultanitet.

Verdens enorme uberørthed, en mundtlig
postulation, klipningens nul-tilstand; "en skov af
tegn har kunnet gro op", den antikke ambrosia, den
tørre sterilitet – det helt og aldeles afslukkede.

Indsnævre, at lukke sig inde og indrette sig, med
rensemidler, på skjulte opholdssteder, i det intime,
rejser i dybden, trænger ned; *dybdekraften* i de
kryptiske zoner, en renhedsdille.

*Den magiske verdensformel på en helt tom tavle*,
tjærevand og euforisk tryghed, trofasthedens
ophøjede helvede; "en encyklopædisk registrering
af menneskerummet", at være i formens viljestyrke.

En opslidende tråd, ædelt i det splittede øjeblik; i en
dobbeltbundet myte i sindets himmelflugt, i
rejsetemplets virus, hjertesuk og uudsigelig tomhed.

Når bryderne i ringen, udfolder deres påtagede
ondskabsfuldheder, er de guder, for i nogle
øjeblikke er de den nøgle, der kan lukke op for
naturen, den rene handling som skiller det
gode fra det onde og afslører billedet af en
savnet letfattelig retfærdighed.

Barthes

*Mytologier, s. 20, 1969*

## En speciel sensibilitet

En sund frigjorthed, en velmenende revser af
overfusningens intimideringsværdi, en kosmetisk
kode, hvor gruppens splittende iklædning og vanære
udgør en samvittighedens politik; en missionernes
fraseologi.

I det repressive indgreb, i et nydeligt besværgende
punktum nedbryder og oppuster en fastlåst kode
benævnelsen af fordrejningens
forsvindingsnummer; i ”et intetsigende kopula”, *det
notoriske underlag – mytedannelsens hjerte*.

Autentisk opfriskning og optælling, en magisk
overførsel, hvor sjæleskildrere og kvalmetilstande,
liv og angstfornemmelser, økonomisk poesi,
fremmedgørende, *reducerer en væren til en haven
og objektet til en vare.*

Et afdanket postkort, arbejdets fatalitet, et
forlystelsesteknisk betydningssystem med blanke
overflader; verbalt vanvid, taktiske tænkemaskiner –
*”nær ved ’skyerne’ og langt fra ’rødderne’”.*

Sporsansens træthed, en betydningsmodus, sfærisk,
asketisk, fordamper, forvansker blinklys; en optaget
plads, en tom plads – et uendeligt alibi,
nærværende og øde, helt og aldeles størknet.

Sluger, forbløder, besynger forplantnings-
svingninger; stritter i ”en skyggefuld værdighed”,
med en *afsnuppet eftertanke*, med en amputation,
helt mystificeret – helt betydningsblottet.

For jeg kan simpelthen kun tilskrive det noget
ganske og aldeles overmenneskeligt, at der
eksisterer personer, som er vidtspændende
nok til at ligge med blå pyjamas på samme tid,
som de fremtræder som universel bevidsthed,
personer der er vidtspændende nok til at
udtrykke forkærlighed for emmentalerost med
selv samme stemme hvormed de tilkendegiver,
at de arbejder på en bog om *Jegets
Fænomenologi*.

Barthes

*Mytologier, s. 24, 1969*

## Modulationen i en verbal teknik

Den metodiske rodløshed; at forsvare friheden, et
selvbekræftende kredsløb, et kulturelt skred, en
professionel selvransagelse, en tøven, bliven-tavs.

Nulpunkternes uro, isprængt skepsis, tvangens
tæmning, et forfejlet engagement i nærbilledernes
ulidelige dobbeltmoral; uantastelige, helt uklare.

Opsplitter, genskaber aktiviteter i frygtelige relæ,
hvis betydning sælger; udtrykkets spil i livets
ustabile silke, helt inde i tomhedens meningsvilkår.

Den mentale allergi, meningskernernes centrum er
hult i kølvandet på fletværkernes delirium; *et gran
af sentimentalitet* – et opsigtsvækkende ekko-rum.

Betydningens autonomi, det uhæderlige sprog, den
nyvundne frihed, en bliven-udtryk i et lag af tegn; at
aftvinge verdens sprog andre *talemåder – menings-
fritagelsens* omveje, at tømme billedet.

Kulturdepoternes affektive begejstringer, en
afskrælning forflygtiger livets tragiske mirakel;
"vores yderste essens", en smertefuld epoke,
stivsindede i helvedesmaskinernes vækstkraft.

*At opdage mærkelige mysterier*, fordoblet bitterhed,
forrådt i det rene spejl, noble klodrian, habil tørhed;
at gøre sig standhaftig, alvorlig, kedelig, sitrende.

Håbløshedens tale, klare, foruroligende tomrum,
opslidende tavshed, at tænke i det uendelige; i
kærligheden til sjælefreden, i skælvende ekkoer.

Litteraturen opstår først foran det unævnelige,
ansigt til ansigt med et *andetsteds* som er
fremmed for selve den sprogbrug som søger
det.


Barthes

*Mytologier, s. 115, 1969*

## En vis sproglig etik

*At ordne tanken efter et dybt åndedrags kadence*,
øjeblikke af dyb tomhed, en skjult dør, lokkemad;
øjeblikkets skrøbelige steder, en optisk refleksion.

Her eksploderer ordet, kærtegnes det romantiske
hjerte i den sakrale tavshed; mystifikationskraft i
dagligdagsmiljøets redskabskarakter, helt taktilt.

Stråleglansens svimmelhed og homogene hinde, en
tyndhedens rumdialektik med et særligt skrøbeligt
modstandspunkt, et ubevægeligt sted; besat af
størkning og opfyldt af fordampning.

Euforiske forvitringskræfter i materiens eskatologi,
en usynlig glemt tid med punkternes pladsskifte;
intrigens mutation i spejlrefleksets tidevandstid.

En nydelse af afgrunden, *hvor inderligheden er sat i
parentes*, med "sine øjnes magt"; en kompleks
resonans, der opsuger skuffelsens hyper-tale.

En svimlende drejemekanisme snyder (i) den
sublime økonomi, hvor der sælges et transformativt
tankegods; fordømte eksklusioner i helbredets
kollektive økonomi.

Arveløst indsovet i det evigt sårede, en slags
indvielsesritual, en *kosmogonisk kundskab*;
krydsningsoperationernes opstandsninger, det helt
og aldeles notérbare.

Betydningsdannelsen er en proces, hvori tekstens "subjekt", idet det undslipper ego-cogitoets logik og engagerer sig i andre logikker, tager livtag med meningen og dekonstrueres ("fortabes");

betydningsdannelsen er ... dét radikale arbejde, hvorigennem subjektet udforsker, hvordan sproget bearbejder og demonterer subjektet, straks det begiver sig ind i det;

betydningsdannelsen er "de mulige operationers endeløshed i et givet sprogfelt".

Barthes

*Forfatterens død og andre essays, s, 282-283, 2004*

## Aura – klima

Væltes ud i intetheden, medynk i lukningens
konstitutive grænse; spinkle punktnedslag,
forvridningernes selektive aspekter, en udstrakt
metafor som strejfer distræt og maskeret rundt i
den glansfulde tale.

Tale(r) i stykker, i vækkelsens makulering og
betydningsvokabularium, i diskrete enheder med
semantisk kraft, et væv i tegnets nulpunkt; i
betydningernes grundlæggende rytmer.

Den tomme plads, en solid kerne, vakuummets
arnested udspalter mikro-strukturer, isolerer små
sætningsfragmenter; uendelige metafor-kæder på
dette privilegerede udvekslings-sted.

Erstatter dybdebilledernes Eros,
livsvanskelighedernes vandspejl, fantasmets sted, et
ubrugt stof; *"At skrive er at leve ... selve skriften er ...
ofringen af et liv."* (Barthes, Forfatternes død og
andre essays, s. 148, 2004)

*Dispositio – compositio – at opleve sprogets struktur
som en lidenskab*; sprogets akser, assonanser,
ellipsen, katalysen, meningstvangen, *perioden*.

Stilens grusomhed og svimmelheden ved en
uendelig rettelse, *flumen orationis*;
sammensnøringernes metriske modning,
ekspansionsmekanismen; *at slutte sætningen*.

Øvelser i en afvigende grammatik kunne i det
mindste indebære det gode, at man fik
mistanken kastet over på selve ideologien i
vores tale.


Barthes

*I tegnenes vold. Om det tomme tegns etik, s, 15, 1999*

## En euforisk fornemmelse

*En endeløs friheds ubegrundede stopklods*;
sætningen er fri, hvor den tomme mening opdaterer
kategorier, producerer tegn, katalyserer atmosfære
og det narrative vævs overflade, ødsel – uden noget
profetisk kendemærke.

En kolossal *ekspeditionscentral*, forgabelsens lydige
redundans, sjældne ædelstene i kulørte omrids, at
udfylde sprækkerne, *at tage plads i det strukturelle
væv*; sammensværgelsens omvandrende illusion, en
virkelighedseffekt.

At tømme tegnet, at vakle som en kastrat, hvor
*stemmen mister sit ophav*, og hvor skriften
begynder; tyrannisk centreret i at nære, i at føde, i
at skrive – her og nu – i et felt uden oprindelse, øser
en skrift, som aldrig ophører, ud af et væv af tegn –
uden at lukke skriften – ingen bund.

At lade skriften fordufte, at nægte teksten; en
stereografi, en uværdig hyper-spredning, med
udspekulerede markører – langs "en omvejsfyldt
nedstigning i meningens labyrint".

"Indfedtet" af et begær i svingninger; i en bio-
mytologi med intensitets-kontraster, midt i
melodiens sprængning, med grænseerfaringernes
pseudo-filosofiske ustemthed i den mimetiske
orkestrale driftsværdi, i balsameret vibrationer.

Den besindige plathed i den indre lytning, at lokke et
restløst atelier til en neo-semiotik, hvor en tredje

mening – *betydningstilblivelsens* niveau – åbenbarer *obtus*; en afstumpet semantisk intelligens bugner.

"Som en gæst, der stædigt bliver hængende" i en elliptisk skandale i "katedralens mærke"; i "mørkets katedral" – i *et let skridt tilbage fra grænsepunktet.*

Forklædningens sammensyning, en rørende og tåbelig generøsitet, sympatisk, *elsk*-værdigt, en erotisk sløvning; i støvlens knirken – *depletion* – tomme verber, i evig ophidselse, i en spasme.

*Sår ridset ind i betydningernes tunge dug*, i lystens luksus til mening, som et samlingssted for facetter, som et segl; som en vertikal læsning i indvendig flugt, som filmisk parasit, som et parametrisk forskydningsfelt i passagerne af *at tømme.*

Fragmentets indre citat, *at granske* en epistemologisk glidning, en særlig mutation, et nyt sprog, et undergravende krydsningspunkt; *"Teksten er det, som bevæger sig til grænsen af udsigelsens grænser."* (Barthes, Forfatternes død og andre essays, s. 260, 2004)

En uendelig forhalende vægring, en seriel evighedskalender med berøringernes symboliseringsenergier, med hånlige decentreringer; gennemvævet af meningsbrydningernes herkomstproces.

Betydningspraksis sønderbrydes; "at sætte teksten i gang", en vævende skrifts-praksis, med fupnumre, med tegnets integritet, med udtrykkets materialitet, med menings-metafysikkens betydningsapparat.

Tegnet er et brud,

som aldrig blotter andet

end et andet tegns ansigt.


Barthes

*I tegnenes vold. Om det tomme tegns etik, s, 58, 1999*

## Det blændende mysteriums helligdom

"Et nyt væv af slumrende citater", anonyme formularer, en udstrøning; *at percipere vævet i dets tekstur* "som en edderkop, der opløses i sit eget spindelvæv" – *hyphos*.

"Lysskæret, den uforudsigelige lynild fra sprogets uendelighed", *en erotisk sprogpraksis, den hvide skrift*, mellemløbets subtil tilblivelse; den absolutte strøm.

Det prægnante øjeblik, uden støtte, et åbent hakkeri, *at summe*, et kæmpemæssigt lydvæv; nydelsens flugtpunkt, sprogets summen, åndedragets erotik, en bævren.

Den glødende kerne, "hvem lytter", "indespærret i min dybeste intimitet"; *fanget i det kløvede spejls forfærdelige scene*, med "retten til at græde", den tabte fred, i en ren omflakken.

*Afviste galskabens ærefulde maske*, symptomet; livsvigtige nydelsessteder, systemets nulpunkt, tryllekraftens rene effekt, tilbedelsesværdigt.

En hvilepause i afmægtighedens livlighed, med læseglædens strålevirkning; festen, sandhedens omvej, at indføre en forskel, en mutation, i sprækkens rystelse, i *en tømning af talen*.

*At stige ned i det uoversættelige*, i et stort, tomt sproghylster, ind i en hinde af lyd; "Jeg lever i et mellemrum, fri for al fuld mening".

Subtilt diskret, en slags pludren, *strøget*; "en slags
vaklen i sproget", i "råhedens aftensskumring",
stedets klang, en semantisk meditation, et "tomt
håndled", høflighedens intetsigende ekko, plask.

Sprogets paniske standsning, *Satori*, ikke løbe løbsk,
som i plaprende strømfloder, uholdbart,
annullering, i et snuptag, i en støvsky, "spejlet
tomt"; *det hænder* – en erotisk rus, ridses i tiden, en
let berøring, et lyn, et lysglimt, åbenbarer ingenting,
Zen – som "en yndefuld krølle".

Indsnit og glidning, "skriver sig hen over et
tomrum", sorte tomme dyb, "blækhusets nat";
forsvindingspunkternes elliptiske revner, en
intelligens i reserve, øjet er frit, livet som lystens
tomme form, en sænkning af oprindelig kraft.

Øjebliksbegivenheder, der fæstner sig,
betydningsproduceren, *brat og tom som et brud*,
hvor centrum forkastes, uigenkaldeligt afskaffet, *der
er intet at gribe.*

Satori – begivenhed (i zenbuddhistisk forstand):

*"En tænkning uden tanker, en begivenhed, hvor der
tænkes på samme måde, som når bladene løsner sig
og daler ned fra træet, det vil sige uden mål og i en
tilstand af hensigtsløs nærvær ... betydningstømning
... tegnets etik."* (Barthes, I tegnenes vold. Om det
tomme tegns etik, s. 143-144, 1999)

Demobilisering, et tomt øjeblik, livsvilje, pust af liv;
*Vita nova*, total intensitet – i et dybt hul af
bedrøvelse, i dødens egn, i det uoprettelige.

Ingen trang til at pumpe lungerne med luft, til
at puste brystkassen op for at bekræfte mit
*jeg*, for at konstituere mig selv som
uendelighedens assimilerende centrum.

Klart forvisset om en tom grænse er jeg
grænseløs, uden nogen idé om storhed og
uden nogen metafysisk reference.


Barthes

*I tegnenes vold. Om det tomme tegns etik, s, 128, 1999*

## Ordkompleks

Svimlende fornemmelser, en radikal *apofase*,
visheden om det uigenkaldelige, åndehullet; "den
anden sorg", et intelligent liv, bristefærdig
fremmedgørelse, en tålelig ensomhed, sønderknust.

Uudtrykkelige, trøsteløse knuder af sorg, der
vokser, hjertets bitterhed, ubærligt; at forsvinde
tryllebundet ind i kedsomhedens afdrift, en mindre
filosofi om stivnede fraser, i nuets lytten, på frihjul i
sproget, enkel som en selvmordstanke, kærtegner
det usle, ætsende, uappetitligt rystende på en
monokrom overflade, "en anden snoning i spiralen".

Når spredning forpurrer i forstøvningens
udskridninger, i klæbrig glansløshed driver de
lykkelige, tvetydige og dobbelt-lyttende afsides; som
indsnørede betydningsgivere, på betydningsfladen, i
den besynderlige, poetiske mani, i det yndefulde
sindsoprør på spiralens snoninger, i sprogets
friskhed.

Slitage i et frosset sprog med produktive figurer og
begrebsmodeller, hvor hvert enkelte øjeblik er
betydningsmættet, i en begærs-sprække, i en tanke-
sætning, i en fragmentets æstetik, i en indskudt
skælven; snurrende frigørelsesmystik, en væsensfejl,
en slåfejl, en tankefuld resonansbund i dumhedens
hysteri, om at smile glad i en åndelig beruselse.

At svæve i et uhørt sprog med distræt skravering, i
skriftens merkantile tvang, en gådefuld opløsning,
en ubestemmelig finte, en rense-diskurs, utålelig.

Hvert ord *vender* som en vin, fortabende sig i
fraseologiens fordærvede rum, eller borer sig
som et vridbor helt ind i subjektets neurotiske
rod.

Og andre ord igen er ude med snøren: de
følger hvem de møder...


Barthes

*Af mig selv, s, 137, 1988*

## Sliddet

Betydningens fortabelse og eksistentielle præcision;
helbredets teater og den spinkle folds yndede
strøelse af splinternye lykketræf, den glatte
posering, "det fjernede ords plads", sympati-tabets
askese, stammende, lusket, sløret, gennemløber det
alle spektrets linjer.

En euforisk svulstighed, en forrykt *heterologi* i
nærhedsforbundne hændelser, i malstrømmens
lyksalige passagers knaphuller, et snedigt middel i
udsigelsessituationens tåge, en umådelige *gniden
sprog*; om "at stjæle et sprog", om den ubetvingeligt
"lille krigsmaskine".

En dulmende forstening i "den endeløse tekst";
denne undren, denne tilfældets utrættelige
værdighed, "at føle et sprog stivne" – våbenløs, det
mørke kammer, omtumlet, et dybtliggende vanvid.

At levendegøre et funklende punkt af måben, en
oplivelse af en kynisk fænomenologi, som en
umedgørlig, affektiv intentionalitet, som et sår, som
et studium, med følsomme punkter, et *punctum*, et
nonchalant begær, et særligt relæ; en sjældenhed i
øjebliksbilledets krumspring med overraskelses-
effekter i et tilfældigt sammentræf.

I en tænksom bo-længsel, i *unære* enheds-
bestræbelser, i ekspansionskraftens prikkende
lynglimt; *en lille rystelse, en satori, en forbigående*

*tomhedsfornemmelse* – det uudviklelige i intens ubevægelighed, i de ynkværdige decentrerede detaljer skriger lydløst et svævende lyn, en tavshedstilstand, en "profilens degeneration".

I skjulestedets blinde felt, i det erotiske udenomsfelt, i tilbagekaldets begærs rette øjeblik, *kairos*, i blikkets blidhed, i den krusede blødhed; pinefuldt, hjerteskærende akkuratesse, livskraftens fremmarch, er genskæret mistet, det uerstattelige klæber overvældet, bøjet i tid og i modus.

Det umedgørliges gruopvækkende narreværk i smug, uforvekslelige træk med melankolske stråler og forsinkede navlestrenge, "et billede der er afsløret"; gumler uden at mætte samvittighedens mysterium, propfuldt stirrende i "dødskrise", livets substitut, monumentet, der nægter modning.

Det "ufremmedgørlige sted", tampen brænder i fjæsets mørke passager, autentificerer auraens lysende skygge, giver liv, som altid potentielt vanvittigt; i det vanvittige punkt, i *"… den uhørte sammenblanding af virkelighed ("Det har været") og sandhed ("Det er det!")."* (Barthes, Det lyse kammer, s. 137, 1983)

Gnedet ind i et underligt narkotika, i kærlighedens smerte, et sært medium; medlidenhedens kvalmende kedsomhed, som en tam ekstase, en genfremkaldelsens spinkelhed, helt stillestående og erindringsstyret, kan kun udstøde.

Hvad kan det væsen, der har fanget mig, fået
mig i sine garn, gøre for at befri mig, løsne
maskerne omkring mig?

Vise nænsomhed.


Barthes

*Kærlighedens forrykte tale, s, 103, 2002*

## Et ubehageligt onde, som hager sig fast i forfatteren

Det umedgørlige, et kærlighedsfølelsens portræt,
uforglemmelige fragmenter, gymnastiske figurer;
som en kulturel undersåt, som er en smule tom med
en begyndelseslinje, som er en fold i sproget, i et
slags skriftsted, i en slags udtryks-økonomi, der, som
en "syntaktisk arie", søger sin plads i en lemlæstet
"verbal hallucination".


Når kærlighedslivet eksploderer og vibrerer som
psykedelisk musik i sætningsbundternes
evighedskalender, som en rislende krise, hvor
betydningens fristelse modstår det uhyrlige i
"kærlighedens filosofi", sker montagens
undergangslængsel, som en bleg tanke; i stilhedens
sug, hvor mildheden smelter.


En hypnotisk sårethed i et øjebliks vaklen, i
"verdensaltets åndedrag", i et langt hulk i
afgrundens hvile, som en blid blodstyrtning, som en
dirk i øjeblikkelig hensygnen, i en flugtens ekstase,
forsvinder med vilje; i tankefraværets klister, i en
udmattende erindring, i genopstandelsens lettelse.

I en bundløs ubetydelighed, i en filosofisk
ensomhed, i tilbagefaldets vanvid med "en mur af
sprog omkring mig", med en filosofi, der "forstår
mig", bliver hørt, bliver bidt; *jeg træder bare ikke i
dialog med samfundsmaskineriets apparater*, ikke
ophidset, ikke i et lydigt gehør, ikke i et omsving, i et
sammenbrud.


Et stik i hjertet, i en sproghvirvel, i en værdig
forsvinding, skælvende ubeskriveligt, funklende
henvist til "min egen filosofi"; i en lykkehungers
tunnel, i en flygtig berøring, i en fingers strejf, der
falder til hvile, i et sviende sår, i knust
forfrossenhed.


I andægtig hengivenhed, opfrisket, opslugt, med en
drilagtig defekt, i gaveglædens udvekslingsøkonomi,
"den tavse given ud"; den stumme engel, i et
generaliseret hysteri, med fjendtlige halmstrå, på
virkelighedsflugt.


En indre kværnen, med spjæt, i det ømmeste punkt,
ulmer, knuger, flår henslumret; i træthedens gilde, i
glødende glæder, i "en livskunst over afgrunden",
med en forvansket skamplet, med glatte omslag,
vimser rundt i flovheder, i en truende susen,
igennem "sprogets nøglehul", i eksistens-panik.

Den frydige forening snører huden sammen i retning
af snittets groteske livstid, i stjernespredte punkter,
spækket med betydninger, i bristefærdig sværmen
og vældig rislen; med spagfærdige kærlighedsråb
under lampen, på "det mørkeste sted".


Krummer et "purt stykke angst" sammen i tidens
forvridning; uafrystelig med "lutter øren", opsuger,
avler angst, "giver sine tårer frit løb", med "et lille
slag på vingen", helt båndlagt, i en flænge, henført –
tung om hjertet.


Pirrelig, ømskindet, i bandlysningens ønske-psykose,
sluger en ukrænkelig ensomheds følelsessmitte;
med smidig nidkærhed – med et metasprogligt fif –
fra betydningsmagasinets sprogfinte, med alle de
nærige tegn.


Den længselsfulde forblødning, en gabende,
snigende hensygnen, en stående tankefuld vente-
angst, snæver – et vældigt miskmask; hensunken
nænsomhed, dirrer i salig undren – "sidder bare
stille og roligt i kærlighedens sorte indre".

Ensom og udsat i diskret delirium, i latterbrølets
nøgne dumhed, i begivenhedsstoffets umulige
øjeblik, i en ubevægelig omslyngning, flakker rundt i
kaskader af mirakuløs nedbør, i jubel, helt henført,
funkler.

En sidste replik, det sidste ord, en tilståelsesfigur,
"sidder i saksen", med ynkværdige, tårevædede
øjne, formørker blikket i en snedig forbigåelsesfigur;
i et grådanfald, en skyfri spejlen sig i sprogets
pludder, "dér hvor du ikke er", i humør-
formørkelsen.

Nedgjort:

*"Er den perfekte samtalepartner, vennen, ikke den
der bygger den størst mulige resonans op omkring
en? Kan venskabet ikke defineres som et rum af total
klangfylde?"* (Barthes, Kærlighedens forrykte tale, s.
204, 2002)

"Driver smerteligt rundt uden eksistens", frygter
forvirret, fremturer forknyt, fordærvet folder
forhæng i frihjulets tumult; "… min stemme fik mig
til at græde … i samme sæk af hud".

I en fælde af sløvende øjeblikke, helt "blødgjort af
en lykkelig tanke", overrislet i den sorte økonomi; i
en "akkumulations- og spredningsøkonomi", i en
liflig samklang med ømme bølgeslag.

At vibrere i flakkende stedløshed, helt og aldeles i
en nærhedsforbindelse.

Sproget er en hud:
jeg gnider mit sprog mod den anden.

Det er som om jeg havde ord
i stedet for fingre,
eller fingre for enden af ordene.

Mit sprog skælver af begær.


Barthes

*Kærlighedens forrykte tale, s, 142, 2002*